INSTITUT IMPÉRIAL DE FRANCE.

ACADÉMIE DES INSCRIPTIONS ET BELLES-LETTRES.

CONSIDÉRATIONS HISTORIQUES

SUR LES

TRAITÉS INTERNATIONAUX

CHEZ LES GRECS ET CHEZ LES ROMAINS,

PAR M. EGGER,

MEMBRE DE L'ACADÉMIE DES INSCRIPTIONS ET BELLES-LETTRES.

Lues dans la séance publique annuelle du vendredi 8 août 1856.

PARIS,

TYPOGRAPHIE DE FIRMIN DIDOT FRÈRES, FILS ET Cie,

IMPRIMEURS DE L'INSTITUT IMPÉRIAL, RUE JACOB, 56.

—

1856.

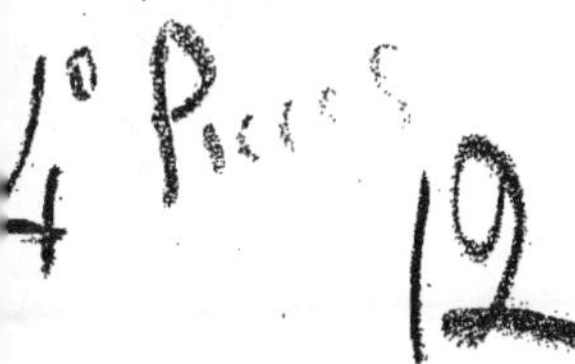

INSTITUT IMPÉRIAL DE FRANCE.

ACADÉMIE DES INSCRIPTIONS ET BELLES-LETTRES.

CONSIDÉRATIONS HISTORIQUES

SUR LES

TRAITÉS INTERNATIONAUX

CHEZ LES GRECS ET CHEZ LES ROMAINS,

PAR M. EGGER,

MEMBRE DE L'ACADÉMIE DES INSCRIPTIONS ET BELLES-LETTRES.

Lues dans la séance publique annuelle du vendredi 8 août 1856.

PARIS,

TYPOGRAPHIE DE FIRMIN DIDOT FRÈRES, FILS ET Cᴵᴱ,

IMPRIMEURS DE L'INSTITUT IMPÉRIAL, RUE JACOB, 56.

1856.

INSTITUT IMPÉRIAL DE FRANCE.

CONSIDÉRATIONS

HISTORIQUES

SUR LES

TRAITÉS INTERNATIONAUX

CHEZ LES GRECS ET CHEZ LES ROMAINS,

PAR M. EGGER,

MEMBRE DE L'ACADÉMIE DES INSCRIPTIONS ET BELLES-LETTRES.

Il y a peu de sujets, dans les études d'histoire ancienne, dont l'intérêt ne se renouvelle, presque à chaque siècle, par la découverte et la publication de documents inédits. Les révolutions mêmes du monde moderne ont souvent déplacé le point de vue de la critique historique, élargi ou resserré ses horizons ; elles ont pu rendre ainsi à des questions longtemps négligées un à-propos imprévu.

On a beaucoup écrit déjà sur le droit des gens dans l'antiquité, et en particulier sur les diverses formes des traités de paix ou d'alliance chez les Grecs et les Romains. Mais plusieurs découvertes récentes, dues aux archéologues et en particulier à des membres de notre Académie, permettent d'étendre encore et de mieux déterminer les connaissances

jusqu'ici acquises sur ce sujet ; en multipliant les analogies
ou les contrastes entre le droit des gens de l'Europe chrétienne et celui des peuples païens, les nouveaux documents
provoquent en foule ces réflexions qui donnent à l'histoire
sa plus instructive moralité. De là m'est venue, Messieurs, la
pensée d'un travail qui, pour être complet, exigera d'assez
longs développements ; le présent Mémoire n'en offre
qu'une esquisse, et c''est à ce titre seulement que j'ose le sou-
mettre à l'indulgente attention de cette assemblée.

Le savant Barbeyrac a publié, en 1739, un Recueil des anciens traités de paix, dont le premier volume, à lui seul, con-
tient ou mentionne environ cinq cents actes de ce genre an-
térieurs à l'ère chrétienne. Il semble, au premier coup d'œil,
qu'un tel travail épuise la matière. Mais, d'abord, toute
cette richesse n'est pas du meilleur aloi. La collection de
Barbeyrac commence avec le XVe siècle avant Jésus-Christ.
On y relève, par exemple, une alliance conclue entre Eleusis
et Athènes sous le règne du très-fabuleux roi Érechthée ;
puis un acte de partage entre les fils de ce roi après la mort
de leur père. C'est remonter un peu haut dans l'histoire.
Quand on songe que, chez les héros d'Homère, les traités se
concluent encore verbalement, par un simple échange de serments que consacrent des formalités religieuses, on doute
fort que les Grecs aient jamais possédé des instruments écrits
d'une date aussi ancienne. D'autre part, si du recueil de
Barbeyrac il faut retrancher bien des témoignages et des
textes trop peu authentiques, on pourrait l'augmenter aujourd'hui de quelques pièces intéressantes qu'il a négligées
ou qui n'étaient pas encore connues ; on pourrait, en s'écar-
tant un peu de l'ordre chronologique qu'il a suivi, tracer un

tableau plus animé des vicissitudes du droit international chez les anciens. En général, les diplômes figurent seuls dans ce gros volume de Barbeyrac, les négociations et les négociateurs y sont presque toujours oubliés. Certes, nous ne saurions aujourd'hui écrire, *sur les ambassadeurs et les ministres publics* dans l'antiquité, un ouvrage comparable au traité moderne et classique de M. de Wicquefort sur ce sujet. J'oserais encore moins rechercher quels étaient alors *les droits de l'ambassadrice*, comme l'a fait le juriste Moser pour les ambassadrices du siècle dernier (Berlin, 1754). La connaissance que nous avons des choses grecques et romaines n'autorise pas une aussi indiscrète curiosité. Mais, sans prétendre trop savoir, il est permis au moins de rassembler sous une seule vue les principaux éléments du droit diplomatique dans ces anciennes sociétés; de définir les divers pactes qui unissaient les nations entre elles, les formalités qui en préparaient ou en accompagnaient la conclusion, le caractère et le rôle des personnages qui y prenaient part au nom de leurs concitoyens.

1° Quant à l'objet de ces actes, on distingue :

Le pacte fédéral qui unissait plusieurs peuples de même race ayant des mœurs et des institutions analogues;

Le pacte qui fixait les relations de la colonie avec sa métropole ;

Le traité de pacification intérieure conclu après les troubles civils;

L'alliance toute pacifique, ou le simple traité de commerce;

L'alliance toute militaire ;

L'alliance conclue à la fois en vue de la guerre et de la paix;

La sentence arbitrale que prononcent des juges choisis dans un État neutre, par deux États en rivalité d'intérêts.

2° Quant à la constitution des alliances et à la succession des divers actes d'un même contrat :

Il y a la simple suspension d'armes et la trêve, distinctes du traité définitif; il y a la trêve générale, et la trêve spéciale en vue de la célébration de certaines fêtes religieuses;

Il y a le traité général, et les traités spéciaux qui le complètent;

Le pacte une fois conclu, il y a souvent le décret de promulgation, avec ou sans appel à de nouvelles alliances;

Il y a les serments qui assurent l'exécution du traité, et pour lesquels chaque partie contractante envoyait souvent chez l'autre des magistrats chargés de cet office;

Il y a l'échange des exemplaires officiels, revêtus du sceau public, et quelquefois du sceau particulier des plénipotentiaires; l'inscription des actes sur des tables de bronze ou de marbre qui seront déposées dans des édifices publics, d'abord dans les temples, plus tard dans les archives; quelquefois aussi le dépôt d'un troisième exemplaire entre les mains d'un peuple neutre dans le débat;

Il y a le décret qui assure l'exécution du traité au moyen de certaines mesures politiques ou militaires;

Il y a le décret en l'honneur de ceux qui ont loyalement rempli les conditions de l'alliance.

3° On sait, enfin, avec quels égards les négociateurs des divers ordres étaient reçus pendant la durée des opérations diplomatiques; par quels honneurs les États récompensaient le succès de leurs efforts; quelles peines leur étaient réservées en cas de prévarication.

On voit ainsi se dérouler, tout un système de règles et de conventions protectrices du droit et de l'humanité, atténuant, conjurant quelquefois les horreurs de la guerre, prolongeant, autant qu'il se pouvait, de bienfaisantes intermittences dans cette anarchie où le monde païen s'est longuement et glorieusement agité, jusqu'au jour où tant de races furent unies dans l'ensemble du vaste empire formé par la république romaine pour être légué par elle à l'autorité des Césars.

Toutes les parties de ce sujet ne sont pas également connues. Sauf la paix célèbre qui partagea en deux la guerre du Péloponèse et à laquelle Nicias attacha son nom, il n'y a peut-être pas un seul chapitre de cette histoire du droit diplomatique où nous ne rencontrions, dans nos documents, de bien regrettables lacunes. Tel traité ne nous est connu que par une traduction ou par des analyses de date fort postérieure aux événements; tel autre ne nous est parvenu que sur un marbre mutilé ; tel fait important n'est attesté que par le témoignage d'un compilateur ou d'un grammairien ; mais, en ce genre, les moindres fragments, les moindres parcelles de la vérité historique ne sont pas les moins dignes d'intérêt. D'ailleurs, quand on rassemble par la pensée ce que j'appellerais les conditions élémentaires d'une alliance entre deux peuples, on n'a pas besoin de retrouver pour chacun de ces instruments solennels le texte principal et les textes accessoires dont il se composait, avec toutes les circonstances qui l'expliquent. Comme dans la restitution de certaines œuvres d'art, une induction légitime autorise à deviner le monument d'après ses ruines, et permet d'en apprécier avec quelque sécurité les proportions et le caractère.

Parmi les documents authentiques relatifs aux alliances des peuples, le premier qui nous soit parvenu est le serment que se prêtaient l'un à l'autre les membres du conseil amphictyonique, ou conseil de la plus ancienne fédération des races grecques. L'orateur Eschine nous en a transmis une rédaction, qui peut bien n'être pas la première, mais qui porte cependant le cachet d'une haute antiquité. On y reconnaît le ton austère et religieux qui convient à de tels engagements, conclus devant l'autel d'Apollon, sous la garantie du dieu même en qui se personnifiait le génie élégant et humain de la Grèce. Les imprécations qui terminent ce serment, les châtiments terribles qu'on appelle sur la tête des coupables, conviennent aux mœurs de ces siècles de transition entre la vie héroïque et la vie civilisée, où se débrouillait à peine le droit public des Hellènes, où la superstition même était une arme aux mains du législateur pour contenir et gouverner tant d'âmes violentes. On conçoit d'ailleurs que de pareils serments se soient transmis d'âge en âge, à cause de leur solennelle importance et grâce à leur briéveté; à défaut de l'écriture, la mémoire pouvait suffire à les conserver fidèlement.

Les mêmes caractères distinguent deux autres documents dont nous devons le texte à l'orateur Lycurgue : le serment des Grecs lors de l'invasion médique, et le serment civique prêté par les jeunes Athéniens.

On ne relit pas sans émotion ces pages auxquelles s'attachent de si grands souvenirs, et l'on se laisse aller aux sentiments de l'orateur athénien quand il oppose à la faiblesse de ses concitoyens dégénérés le mâle patriotisme dont vous allez entendre les accents.

« Je ne préférerai pas ma vie à la liberté ; je ne quitterai
« pas mes chefs ni vivants ni morts ; et les alliés morts
« dans le combat, je les enterrerai tous. Après avoir vaincu
« les Barbares, je ne détruirai aucune des villes qui auront
« combattu pour la Grèce ; mais celles qui ont préféré le
« parti des Barbares, je les décimerai toutes. Je ne recon-
« struirai pas un seul des temples brûlés et renversés par les
« Barbares, mais j'en laisserai subsister les ruines pour té-
« moigner de leur impiété auprès de nos descendants. »

Voici maintenant le serment civique et militaire des jeunes
Athéniens :

« Je ne déshonorerai pas les armes sacrées, je ne quit-
« terai pas mon compagnon de rang. Je combattrai pour
« tout ce qui est saint et sacré, et seul et avec de nombreux
« compagnons. Je ne rendrai pas [à mes successeurs] ma pa-
« trie moindre que je ne l'aurai reçue, mais plus grande et
« plus forte. J'obéirai sagement aux juges en fonction ; je me
« soumettrai aux lois établies et à celles que pourra établir
« la volonté unanime du peuple. Si quelqu'un détruit ces
« lois ou n'y obéit pas, je les vengerai et seul et avec mes
« concitoyens, et j'honorerai la religion de mes pères.

« Témoins les dieux : Agraulos, Enyalios, Zeus, Thallo,
Auxo, Hégémone (1). »

Ainsi cette belle prose, qui sera la langue de Thucydide
et de Démosthène, s'offre à nous pour la première fois dans
des actes officiels où respirent le génie politique et religieux
des Hellènes, la rigidité des vieilles vertus, et comme l'âpreté
du dévouement à la patrie commune.

---

(1) Lycurgue, *Disc. contre Léocrate*, §§ 77 et 81. — Barbeyrac, n. 115.

I.

La lutte à laquelle se rattachent ces éloquents manifestes se termina-t-elle par un traité en forme avec les Barbares? Quelques anciens l'ont cru ou ont feint de le croire. Un *Recueil de décrets et de traités d'alliances*, portant le nom du macédonien Craterus, contenait le texte d'un prétendu traité entre les Perses et les Grecs, que l'on supposait conclu après la célèbre victoire de l'Eurymédon. Mais, dès l'antiquité, de graves historiens remarquaient que, sur le marbre où on l'avait relevé, l'original de cette pièce trahissait, par son orthographe, une époque beaucoup plus récente (1), et ils pensaient que, si certaines limites furent alors assignées à la domination des Barbares et respectées par eux, ce fut l'effet de la force même des choses plutôt que d'un contrat formel (2). Ainsi les fausses chartes ne sont pas une invention de la mauvaise foi moderne; dès le siècle de Philippe et d'Alexandre, la diplomatie avait ses faussaires; dès l'antiquité, l'historien critique avait à distinguer entre les documents sincères et les textes fabriqués à plaisir.

Le hasard, qui se joue bien souvent de la vanité des hommes, a détruit les pactes solennels conclus entre de grands peuples et de grands rois, et il nous a conservé, comme par contraste, le texte d'un traité d'alliance entre deux petites villes du Péloponèse, traité conclu, selon toute apparence, vers le temps même des guerres médiques. C'est le document trouvé, en 1813, auprès d'Olympie, par le voyageur

____

(1) Théopompe, cité par Harpocration, à l'article Ἀττικοῖς γράμμασι (Fragment 168 de la collection de Müller).

(2) Plutarque, *Cimon*, c. 12. Cf. Müller, *Historicorum græc. fragmenta*, II, p. 621.

anglais Wil. Gell, et qu'a éclairci par un savant commentaire le doyen des hellénistes français, notre maître et confrère M. Boissonade.

En voici la traduction aussi littérale que je l'ai pu faire :

« Le pacte aux Éléens et aux Héréens. Qu'il y ait alliance
« de cent ans; qu'elle commence cette année. S'il est quelque
« besoin de parler ou d'agir, que l'on s'unisse, et pour toute
« chose, et pour la guerre. Ceux qui ne s'uniraient pas paye-
« raient à Zeus Olympius un talent d'argent pour amende.
« Si quelqu'un détruit l'écriture que voici, soit simple allié,
« soit magistrat, soit ville, il sera soumis à l'amende ici ins-
« crite. »

En tout dix lignes, rédigées en vieux dorien, et laborieuse-
ment gravées sur le métal. C'est le plus ancien traité qui
existe dans les annales de la diplomatie européenne. A ce
titre seul, il est déjà bien précieux. On y constate l'usage,
qui semble avoir été général chez les Grecs, de placer ces
sortes de contrats sous la garantie de quelque dieu. C'est
ainsi que, selon Thucydide (2), l'an 446 avant J. C., le texte
sur bronze d'une trêve de trente ans, conclue entre Sparte
et Athènes, était déposé dans le temple du même Jupiter
Olympien.

Le laconisme qui caractérise le traité d'Élis et d'Héréa
n'est pas non plus accidentel, et il suffirait presque seul
à dater ce monument, car on y sent comme l'inexpé-
rience d'un peuple qui s'essaye depuis peu seulement à ré-

---

(1) Voir le *Classical Journal*, XI, p. 348; XIII, p. 113; XX, p. 285-306;
XXII, p. 352; XXIV, p. 401 ; le *Corpus Inscr. græc.*, n. 11.

(2) V, c. 23. Cf. Diodore, XI, 26, un autre exemple du même usage.

diger par écrit de telles conventions. On était sobre d'écriture alors, parce qu'on manquait de matières commodes pour écrire de longs actes; peut-être aussi la simplicité des mœurs rendait-elle moins nécessaire le luxe de formules et de précautions légales que nous verrons se développer plus tard. On a recueilli dans l'Abruzze, à Petilii, une petite plaque de bronze, contenant un acte de donation ainsi conçu :

« Dieu [et] Fortune. Saotis donne à Sicænia sa maison et tous ses biens. »

Suivent les noms de six magistrats appelés en témoignage.

Si simple que fût l'intention de la donatrice, qui ne reconnaît dans l'extrême concision de cette formule l'empreinte d'une époque où commençait à peine ce qu'on pourrait appeler l'art des transactions publiques ou privées? Cet art, un document de date assez voisine nous le montrera plus développé. On vient de publier à Corfou deux pages, découvertes en Locride, d'une convention conclue, vers le temps des guerres médiques, entre deux villes de ce pays; la forme en est déjà savante, et pourtant les mœurs dont il témoigne sont encore bien voisines de la barbarie.

Le brigandage, sur terre comme sur mer, avait été longtemps, en Grèce, un moyen commun et régulier de s'enrichir; il a ce caractère dans l'épopée homérique. « Les anciens Grecs, nous dit, cinq siècles après Homère, le plus grave de leurs historiens (1), les anciens Grecs et ceux des Barbares qui habitaient le continent près de la mer,

---

(1) Thucydide, I, 5.

ou bien les îles, dès qu'ils commencèrent à communi-
quer entre eux par mer, s'adonnèrent à la piraterie. Les plus
forts se mettaient à la tête des autres, tant pour leur profit
personnel que pour donner aux faibles de la nourriture.
Tombant ainsi sur des villes sans murailles et divisées par
bourgades, ils trouvaient dans le pillage de quoi suffire à
presque tous leurs besoins; et cette conduite n'avait rien
alors de honteux, mais plutôt quelque chose d'honorable,
comme on en peut juger aujourd'hui par certains Grecs du
continent, pour qui c'est une gloire de bien exercer ce métier,
et par les anciens poëtes, chez qui l'on voit partout deman-
der aux gens qui abordent « s'ils sont pirates; » ceux à qui
la question s'adresse ne s'en défendent pas, et ceux qui l'a-
dressent ne croient pas faire une injure. On se pillait ainsi les
uns les autres sur le continent, et, de nos jours, on vit encore
à la manière ancienne chez les Locriens Ozoles, les Étoliens,
les Acarnanes, et dans toute cette partie de la Grèce continen-
tale où s'est conservé l'usage d'aller toujours armé : c'est un
reste de ces vieilles coutumes de brigandage. »

Ce violent désordre est précisément ce que veut régler la
convention entre OEanthéa et Chaléion; mais elle le démon-
tre et le consacre en essayant de le limiter. Une part y est
faite au droit d'enlever ou de piller des étrangers; ceux qui
commettront de tels actes, en dehors des cas spécifiés, seront
punis d'une forte amende. L'étranger n'est pas seulement
défendu contre la violence, il est encore protégé dans l'exer-
cice de certains droits civils dans chacune des deux cités
contractantes. Le jugement des causes où sa personne est in-
téressée appartient à des magistrats, les ξενοδίκαι, qui ne
sont pas sans ressemblance avec celui que les Romains ap-

pelaient le préteur des étrangers (*prætor peregrinorum* ou *peregrinus*). Pour ces mêmes procès, le texte distingue deux degrés de juridiction, d'abord celle des *xénodiques,* puis, en cas de partage des voix dans ce tribunal, un autre tribunal formé, soit de quinze, soit de neuf membres, suivant l'importance de l'objet en litige, et ces nouveaux juges sont choisis parmi une classe particulière de citoyens. Quand le procès a lieu entre deux citoyens de la même ville, c'est encore une autre juridiction qui doit intervenir (1). Nous voilà bien loin déjà de la trêve de cent ans, conclue en termes si simples entre les deux cités d'Héréa et d'Élis. Les relations de la vie se compliquent, et cette complication amène avec elle un développement des formules du droit international.

Mais c'est dans le quatrième et dans le cinquième livre de Thucydide que nous allons surtout reconnaître ces progrès de la législation et de la diplomatie. Par un exemple assez rare, et que trop peu d'historiens ont imité, Thucydide a voulu nous donner non-seulement l'analyse des négociations qui aboutirent à la célèbre *paix de Nicias,* mais encore le texte des actes principaux qui consacrèrent, au milieu de la guerre du Péloponèse, cette suspension des hostilités (2).

D'abord nous trouvons une trêve ou simple suspension d'armes, conclue pour un an, dans l'hiver de 425 avant Jé-

---

(1) Publication d'une inscription locrienne inédite, par J. N. OEconomidis, Corfou, 1850, gr. in-8° (en grec mod. et en français); l'inscription a été reproduite, avec des observations et un commentaire en partie nouveaux, par M. L. Ross (Leipzig, 1854, in-8°), et par M. Rangabé, *Antiquités helléniques,* vol. II, n. 356 *b.*

(2) Livres IV, 118; V, 18, 23, 47, 77, 79. — Barbeyrac, n. 175 et suivants.

sus-Christ, entre Athènes et Lacédémone. L'historien en a transcrit d'abord les conditions, rédigées par les Lacédémoniens et leurs alliés ; il a joint à ce texte le décret des Athéniens qui en constate l'acceptation, puis l'adhésion définitive de Lacédémone, le tout suivi des noms des négociateurs qui ont respectivement juré pour Sparte, Corinthe, Sicyone, Mégare et Épidaure, d'une part, et, de l'autre, pour Athènes. Cette convention devait servir de base à une trêve plus longue, qui ne put être conclue qu'après une sanglante reprise des hostilités, où périrent les deux chefs des armées ennemies. Alors seulement les pourparlers recommencent, et une nouvelle trêve est consacrée par les serments des deux peuples. Thucydide la transcrit encore avec les noms des négociateurs. Il fallut ensuite quelque temps pour mettre d'accord les divers peuples qui résistaient aux propositions communes de Sparte et d'Athènes. Enfin, après de fréquents colloques, le traité d'alliance fut conclu pour cinquante ans à Lacédémone. En dehors de l'alliance principale, qui ne devait, hélas! durer que six ans et dix mois, Athènes fit une trêve particulière de cent ans avec les Argiens, les Éléens, les Mantinéens et les alliés de ces trois villes. De leur côté, Argos et Lacédémone réglèrent leurs propres intérêts par un traité spécial.

Dans tous ces actes, les droits de chacun sont nettement constatés, les concessions et les promesses réciproques sont rigoureusement déterminées. A l'usage du droit international se forment peu à peu une jurisprudence et un style qui ont leur caractère propre avec leurs difficultés particulières.

Je vois d'abord trois sortes de personnes employées aux négociations : les hérauts, simples porteurs de dépêches pa-

cifiques; les ambassadeurs proprement dits, ou plénipotentiaires; les hommes de leur suite, ceux que nous appelons aujourd'hui les attachés d'ambassade. A ces diverses personnes
est garantie la libre circulation, sur terre et sur mer, pour
toutes les démarches concernant la paix et la justice. Je vois
ensuite des serments dont l'intention est partout la même,
mais dont la formule varie de cité à cité; des serments qui
seront tantôt prêtés par la population entière, tantôt par
des magistrats représentant et engageant leurs concitoyens.
La prestation même du serment a lieu entre les mains de
magistrats spécialement désignés à cet effet. Des exemplaires
des alliances sont déposés et dans chacune des villes contractantes, et dans des villes neutres, telles que Delphes et Olympie; et comme si ces précautions n'en assuraient pas assez le
maintien, on convient que les serments réciproques seront
renouvelés à des époques fixes et solennelles, telles que les
fêtes olympiques et les Panathénées. Parmi les dispositions
mêmes de ces divers traités, je remarque celles qui règlent la
restitution des captifs et des otages, le passage des armées
sur le territoire des villes amies, l'entretien et la solde des
armées auxiliaires selon la durée du secours obtenu; en cas
de guerres entreprises pour l'intérêt commun, la promesse
de ne point traiter séparément avec l'ennemi; en cas de ré-
volte des esclaves, l'engagement de se prêter un secours mu-
tuel. Ailleurs, il est arrêté que tout différend qui pourra sur-
venir sera réglé par voie d'arbitrage. Enfin les peuples ainsi
réconciliés font appel à ceux qui sont jusqu'ici restés en dehors de l'alliance; ils les convient à une adhésion qui ne
peut que raffermir la paix en élargissant la base où elle re-
pose.

Si maintenant, pour compléter ce tableau de la diplomatie grecque au temps de la guerre du Péloponèse, nous voulons avoir une idée de ce qu'était alors une conférence entre ministres plénipotentiaires, Thucydide nous offrira encore, dans son cinquième livre, l'analyse, ramenée, sansdoute pour le besoin de l'art, à une symétrie quelque peu factice, des pourparlers entre les ambassadeurs d'Athènes et ceux de Mélos. Les Méliens, colonie de Lacédémone, voudraient au moins rester neutres au milieu des rivalités de cette ville et d'Athènes. Mais, dans tout l'élan de son ambition, Athènes prétend leur imposer la loi célèbre de son ancien législateur Solon, qui, en cas de dissension civile, ne permettait ni l'indifférence ni la neutralité. Avant d'en venir à une lutte ouverte, les deux peuples proposent de vider le débat dans une réunion d'un petit nombre de députés, de manière que la délibération échappe aux lenteurs et peut-être au désordre d'une discussion en pleine assemblée du peuple : on reconnaît la forme depuis si souvent adoptée sous les noms et avec les attributions diverses de *conférences* et de *congrès*.

Mais c'était là, il faut le dire, un cas assez rare dans les usages de la diplomatie grecque. Aussi le peuple d'Athènes, qui, sous la direction du sénat, traitait par lui-même toutes ses affaires, devait-il être très-familier avec les formalités du droit public. Cela nous explique comment on pouvait en faire devant lui un divertissement sur le théâtre ; cela nous aide à sentir, dans la comédie attique, bien des traits qui autrement perdraient tout leur sel pour des lecteurs habitués à considérer la diplomatie comme une œuvre de haute discrétion, et les diplomates comme des personnages du grand monde, dont les défauts et les ridicules n'amuseront jamais un auditoire populaire. Ainsi, dans ses *Acharniens,* Aristophane nous représente Athènes divisée entre le parti de la guerre et celui de la paix; le député Amphithéos revient de Lacédémone; on lui demande s'il rapporte une trêve. Il en a , dit-il, de cinq ans, de dix ans et de trente ans: on peut choisir; et comme le grec *spondé* signifie à la fois trêve et libation, il en résulte un jeu de mots, intraduisible dans notre langue, et des allusions au bon vin qui s'améliore en vieillissant. Et là-dessus, sans doute, l'auditoire de s'égayer et d'applaudir.

Un peu plus loin, le même Amphithéos se plaint de ce que les prytanes le laissent mourir de faim; c'est que ces magistrats devaient toujours recevoir à dîner les ambassadeurs étrangers; c'est que le trésor public fournissait aux frais de leur séjour, comme aux frais de voyage pour les ambassadeurs nationaux (1). Cela se voit à la fin de plusieurs décrets concernant des négociations diplomatiques. Ainsi s'explique encore le rôle plaisant d'Hercule dans les *Oiseaux,* lorsque venant du ciel avec Neptune pour négocier une alliance entre l'Olympe et la nouvelle cité (*Néphélococcygie*) que les hommes ont construite sur les nuages, et trouvant un bon dîner tout servi par Evelpide et Pisthétérus, il oublie, en vrai dieu de la gourmandise, l'objet de sa mission pour se mettre tout de suite à table (2); il faut que Neptune le rappelle à son devoir, et, comme on dirait aujourd'hui, à sa dignité. Il n'était pas rare, en effet, que les ambassadeurs

---

(1) Aristophane, *Acharn.*, v. 54 et v. 186.
(2) *Oiseaux,* vers 1582 et suivants.

(19)

manquassent par faiblesse ou par méchanceté aux devoirs de
leur mission : on sait les violentes accusations qu'échangent
l'un contre l'autre et contre leurs collègues Démosthène et
Eschine dans leurs plaidoyers sur la fameuse ambassade auprès de Philippe (1). Bien plus, un monument du règne de
Mausole, de ce satrape de Carie qu'a immortalisé la douleur
de sa femme Artémise, nous montre un ambassadeur de My-
lasa justement mis à mort pour avoir tramé le meurtre du
souverain auprès duquel il était accrédité (2). Mais de la
tragédie revenons à la comédie.

Cette extrême publicité de tous les actes relatifs aux intérêts de l'État, cet usage de les discuter en commun, d'en
exposer à tous les yeux le texte authentique, préparait na-
turellement les Athéniens à en voir gaiement travestir les
formalités sur le théâtre. De là l'étrange mais pourtant
agréable fiction du poëte Archippus, qui, dans sa pièce des
Poissons, représentait les Athéniens en guerre avec les
Poissons, leurs voisins, décrivait plaisamment les incidents
de cette guerre et la supposait terminée par une trêve dont
on retrouve aujourd'hui, dans Athénée, quelques phrases
stipulant l'échange des captifs ou des otages entre les deux
nations belligérantes. De là, dans les *Oiseaux* d'Aristophane,
ce personnage du *marchand de décrets ;* de là ce traité
entre Jupiter et les habitants de Néphélococcygie (3). C'é-

---

(1) Turrettini, *de Legationibus publicis apud Athenienses.* Genevæ, 1841.

(2) Franz, *Elem. Epigr. græcæ*, n. 73. *Corpus inscr. græc.*, n. 2691 *c.* Le Bas,
Voyage archéologique, vol. III, n. 377. Ce monument, transporté à Paris par les
soins de M. Le Bas, se voit aujourd'hui dans une salle du musée du Louvre.

(3) *Oiseaux*, vers 1031 et suivants, 1550 et suivants.

taient autant de parodies bien faites pour amuser un auditoire athénien.

Mais une intention toute sérieuse anime le poëte lorsque, dans les *Acharniens*, il plaide par la bouche du bourgeois Dicéopolis, en faveur de la paix ; lorsque, dans les *Chevaliers*, il s'attaque au plus brouillon des hommes de talent qui perpétuaient à leur profit les discordes à l'intérieur d'Athènes et au dehors ; lorsque enfin, quelques jours avant la conclusion définitive du traité auquel Nicias attacha son nom, il donne au théâtre une comédie qu'il intitule *la Paix,* et où il nous montre sa patrie heureusement délivrée des horreurs d'une guerre désastreuse. Ici la bizarrerie des inventions comiques et la grossièreté même du langage ne doivent pas nous tromper. Que de philosophie politique sous cette farce divertissante où paraissaient les peuples de la Grèce se mettant à l'œuvre, pour arracher la Paix à sa cachette, chacun tirant bien ou mal, selon les dispositions dont il est animé: le Lacédémonien plus ardent que tous les autres, car il a le plus souffert ; l'Argien déjà plus lent, car il se trouve bien placé entre les deux cités belligérantes pour leur vendre tour à tour ses services ; le Mégarien épuisé par la misère et n'ayant plus même assez de forces pour travailler à la paix, que pourtant il désire ; le Béotien laissant volontiers les autres travailler sans lui, car il n'a que profit à voir s'épuiser les villes du midi, et sa prospérité s'augmente de leur détresse (1). Cette fois, les hommes d'État qui voulaient assurer

____

(1) *Paix*, vers 454 et suivants. Une des scolies grecques sur ce passage commente précisément par des témoignages de Thucydide les plaisanteries d'Aristophane.

à la Grèce quelque repos après tant de misères et de gloire, trouvaient dans Aristophane un habile auxiliaire de leur politique contre l'ambition des démagogues et des généraux sans emploi. Le drame prend ainsi place, dans l'histoire, comme un document à l'appui des instruments officiels de l'alliance, et Thucydide trouve dans Aristophane un commentateur inattendu.

Un trait non moins remarquable des actes que nous a transmis l'historien de la guerre du Péloponèse, c'est que, dans cette paix de Nicias, des conditions *non écrites* étaient jointes au traité principal (1). Pour ne pas trop exposer aux tracasseries des États secondaires l'œuvre encore fragile de la paix, Athènes et Sparte étaient verbalement convenues d'un délai dans lequel leurs alliés respectifs devaient, sous peine d'être tenus pour ennemis, accéder à l'alliance commune.

En général, on écrivait moins que nous ne pourrions croire, dans le siècle de Périclès, au milieu de cette civilisation active et brillante. Pendant l'expédition de Sicile, Nicias, général en chef de l'armée athénienne n'envoyait pas de rapports périodiques à ses concitoyens sur les événements de la campagne. Des messagers leur apportaient seulement, de temps à autre, des nouvelles de leur armée. Ce n'est qu'aux derniers jours de cette expédition désastreuse et lorsqu'il est presque réduit aux abois par les succès de l'ennemi, que Nicias, craignant d'avoir été mal servi par ses précédents messagers, se décide à envoyer aux Athéniens

____

(1) Ἄνευ συγγραφῆς, V, 35.

des officiers porteurs d'une lettre, qui sera lue, et commentée au besoin, dans l'assemblée. Thucydide a transcrit la lettre où les Athéniens se voyaient annoncer ou prédire tant de désastres ; cette scène d'émotion publique est sans doute arrangée selon l'usage des historiens grecs ; elle l'est aussi selon la vraisemblance des mœurs athéniennes, et ainsi elle nous explique la brièveté, un peu surprenante pour nous autres modernes, des actes diplomatiques transcrits par le même auteur, et qui réglaient souvent des intérêts si complexes et si divers.

Il faudrait plus d'espace et de temps que je n'en veux occuper ici pour étudier en détail et sur les documents la complication toujours croissante des intérêts helléniques, l'art de plus en plus sévère et scrupuleux qui préside, chez les Grecs, à la rédaction des traités. J'aimerais, par exemple, à montrer comment, après les guerres médiques, les rois de Perse, désormais impuissants à envahir l'occident, intervenaient du moins dans la politique des cités grecques pour la troubler, pesant tour à tour de leurs trésors ou de la force de leurs armées sur les destinées d'Athènes et de Lacédémone. Hors du cercle où s'agitent ces ambitions illustres, on trouverait à observer, dans la seule île de Crète, le spectacle de luttes intérieures, suspendues çà et là par des alliances que nul historien ne nous a transmises, et dont le souvenir même aurait péri sans de nombreuses inscriptions qui nous en ont conservé le texte plus ou moins complet. Jetons du moins un coup d'œil rapide sur quelques documents d'origine crétoise et sur une importante question de justice internationale à laquelle ils se rattachent, je veux dire la question du *droit d'asile*.

« Ce droit, placé, comme l'a dit justement un de nos confrères, M. Wallon, dans un excellent écrit sur ce sujet, ce droit placé au-dessus du droit commun, non pour le combattre, mais pour le garder, pour le suppléer quand il fait défaut et le redresser quand il dévie; droit tutélaire des sociétés naissantes, et qui semble même avoir présidé à leur formation, » tient encore une grande place dans l'histoire de la Grèce civilisée, et jusque sous le gouvernement des Romains.

Chez un peuple divisé en tant de petits États, où Aristote trouvait à décrire jusqu'à deux cents constitutions politiques différentes, au milieu de perpétuelles discordes qui sans cesse jetaient dans l'exil les citoyens les plus honnêtes et les plus distingués, et qui, plus d'une fois, ont fait mettre hors la loi des populations tout entières; dans une société où l'esclavage était, sous diverses formes, partout consacré par la législation et par les mœurs, et où la guerre le recrutait sans cesse parmi toutes les classes de citoyens; ce n'était pas assez que, de temps à autre, une loi de pardon rappelât au foyer domestique les membres de la faction vaincue, ou que le traité qui mettait fin à une guerre stipulât la restitution réciproque des captifs. Il fallait encore que, durant la guerre même, des asiles s'ouvrissent pour les victimes des agitations civiles et politiques, pour tant d'hommes brusquement déchus de leur liberté natale. Beaucoup de temples jouissaient donc de ce privilége; des villes entières, comme Athènes et Téos, le revendiquaient comme un honneur. La littérature grecque, les tragédies surtout, sont pleines des éloges que les Athéniens se décernent à ce sujet; et ces éloges ne sont pas menteurs. Athènes fut toujours par excellence la cité hospitalière parmi les cités helléniques. Mais enfin, pour faire respecter son droit d'asile, la Minerve du Parthénon avait à ses ordres des flottes et des armées puissantes. Il est plus beau de voir une ville du second ou du troisième rang, Téos, en Asie Mineure, obtenir que les autres cités s'engagent à respecter l'indépendance religieuse non-seulement de ses temples, mais de tout son territoire. Or il s'est conservé, dans les ruines de cette ville, une série d'actes authentiques (cela s'appellerait aujourd'hui le *dossier* de l'affaire) que tout récemment encore notre confrère M. Le Bas a enrichie par d'importantes découvertes (1), et qui constatent la reconnaissance de son droit d'asile par vingt-cinq États presque tous doriens. Des traits particuliers et curieux signalent quelques-unes de ces pièces. Ainsi on voit que, parmi les ambassadeurs téiens envoyés à Cnosse pour le règlement de l'affaire, était un certain Ménéclès, habile musicien, qui donna dans la ville crétoise des concerts assez semblables à ceux qu'on nomme aujourd'hui concerts historiques : les Cnossiens se montrent fort touchés d'avoir entendu exécuter ainsi les chants « de Timothée, de Polyïdus et de leurs anciens compositeurs » (2); ils remercient vivement la ville de Téos du choix qu'elle a fait d'un tel représentant, choix qui sans doute a contribué au facile succès de l'ambassade. Qui ne reconnaît là le vrai génie de la Grèce, ce génie si amoureux des jouissances de l'art, si prompt à estimer, à honorer tous ceux qui les lui procurent? Qui ne se rappelle, à cette occasion, que les Athéniens eurent

---

(1) *Corpus Inscriptionum græcarum*, n. 3045 et suivants; Le Bas, *Voyage archéologique, Inscriptions*, partie V, n. 60 et suivants.

(2) *Corpus Inscr. græc.*, n. 3053; Le Bas, V, n. 80.

un jour un acteur tragique pour représentant auprès des rois
de Macédoine? Ce n'est pas tout : à côté des villes crétoises figurent aussi, parmi les garants du droit d'asile de Téos, ces
Étoliens que Thucydide nous représente comme adonnés,
encore de son temps, au brigandage ; et les Étoliens ne s'engagent pas seulement à respecter les personnes protégées par
le dieu de Téos, mais ils prétendent les traiter selon les règle-
ments qui s'appliquent, en Étolie, *aux artistes Dionysiaques*
ou *de Bacchus* (1). Les artistes de Bacchus, ce sont les mu-
siciens et les acteurs ; ce sont ces puissantes corporations or-
ganisées vers le temps d'Alexandre le Grand, et qui, durant
plusieurs siècles, desservirent les théâtres de la Grèce et
même ceux de l'Occident. Voilà les priviléges du talent, l'a-
mour de la poésie et de la musique au milieu des contrées les
plus barbares du continent grec. On y parlait, on y écrivait
un mauvais dorien ; mais on se piquait d'honorer Bacchus, le
dieu des fêtes dramatiques, et de récompenser généreusement
ses serviteurs.

Parmi les puissances protectrices de l'asile de Téos, figurent aussi, mais indirectement, les rois grecs de l'Asie, dont il
serait intéressant de suivre, à ce propos, les rapports avec
tant de cités florissantes de leur voisinage. Ces rapports sont
nombreux et divers, depuis l'étroite sujétion jadis imposée
aux Ioniens par Cyrus, jusqu'à la tutelle exercée avec pru-
dence et douceur par quelques-uns des Séleucides sur la
ville de Smyrne et sur son territoire (2). Souvent aussi on
reconnait qu'une véritable servitude se cachait sous les

---

(1) *Corpus Inscr. græc.*, n. 3046 ; Le Bas, V, n. 85.
(2) Voir, par exemple, le *Corpus Inscr. græc.*, n. 2852.

maines, reparaît comme une institution en vigueur, au premier siècle de l'empire (1).

Dans le tableau, tant de fois tracé, de la conquête du monde par les Romains, on a trop insisté, ce me semble, sur leurs violences; on n'a pas assez tenu compte des ménagements que l'humanité, heureusement d'accord avec la politique, suggérait souvent au peuple vainqueur. L'éclat des grandes batailles éclipse un peu l'action moins bruyante des procédés pacifiques : les généraux font tort aux négociateurs. Peut-être aussi un fâcheux hasard est-il pour quelque chose dans cette injustice de la postérité. Une foule de récits d'auteurs anciens nous montrent Rome obstinée dans ses rivalités, impérieuse après la victoire. Les monuments qui nous restent de sa vie politique avant l'empire sont surtout des épitaphes où s'étale l'orgueil des vertus militaires ; des fastes triomphaux, où les peuples étrangers ne figurent que par leur défaite et leur humiliation ; des tables de loi consacrant le partage des territoires conquis. D'autres monuments, d'autres récits nous manquent, ceux qui nous montreraient, à côté de la force et des armes, le patient travail des négociations, l'influence des paroles conciliantes et des actes réparateurs. Ce travail et cette influence comptent pour une large part dans les efforts séculaires qui ont constitué l'empire romain.

Quand Vespasien reconstruisit les archives incendiées du Capitole, quand il y rassembla jusqu'à trois mille tables de

---

(1) *Corpus Inscr. græc.*, n. 1565, 1625 ; Pausanias, IX, 34. Cf. Schœmann, *Antiquitates juris publici Græcorum*, p. 408.

bronze, c'est-à-dire tout ce qu'on avait pu retrouver des actes de la vie publique de Rome, ce que Suétone appelle si bien *instrumentum imperii pulcherrimum* (1), il se trouvait bien sans doute, dans cette collection, beaucoup de documents diplomatiques semblables à ceux que les ruines de la Grèce nous ont rendus en si grand nombre et qui nous ont fourni des pages si intéressantes pour l'histoire du monde ancien. Mais, de tant de pièces déposées alors dans les archives de l'empire, que nous reste-t-il aujourd'hui ? Quelques analyses rapides dans les récits des historiens; la traduction grecque de trois traités de paix avec Carthage, et d'un traité avec Antiochus, dans Polybe; celle d'un traité avec les Latins, dans Denys d'Halicarnasse; divers documents relatifs à la Judée, dans l'historien Josèphe; les fragments sur marbre des actes d'une alliance avec Astypalée ; quelques dépêches officielles, conservées de même par des traductions grecques.

Or, depuis l'empire, les archives de Rome n'ont pas dû s'enrichir autant que sous la république de traités et de pièces relatives aux négociations. Avec la constitution définitive des provinces s'arrête, ou du moins se ralentit, ce que j'oserais appeler le travail de la diplomatie romaine. Dans les limites de ce vaste gouvernement, sous la garantie d'une autorité désormais sans rivale au monde, les peuples vivaient paisibles ; pour désigner les régions où n'avaient pas pénétré les armes et le génie pacificateur de Rome, on disait volon-

---

(1) *Vie de Vespasien*, c. 8 ; texte habilement commenté par M. Victor Le Clerc, dans son mémoire *sur les Journaux chez les Romains* (1843).

tiers avec Senèque (1), *Gentes in quibus Romana pax desinit,* « les pays où finit la paix romaine, » les pays par conséquent où recommençait la barbarie avec ses discordes et ses miséres. Sans doute, entre les nations soumises et résignées au joug, il y avait place pour des dissentiments passagers ou pour certains surcroîts de bienveillance réciproque. On disputait sur la propriété de quelque territoire limitrophe, sur quelque privilége relatif au droit d'asile, et il fallait, pour s'accorder, recourir à des arbitres ou bien au gouvernement de la province, quelquefois même remonter plus haut encore, au tribunal de César; et, le différend une fois vidé, on inscrivait en grec ou en latin sur les médailles des villes réconciliées le nom de la déesse Concorde. Dans un autre sens il y avait entre les villes amies des rapprochements plus ou moins intimes et comme des degrés de fraternité. Souvent encore, comme aux beaux jours de la Grèce libre, une ville accordait le droit de citoyen, avec immunité des charges publiques, à l'étranger qui lui avait rendu d'éclatants services; elle lui accordait surtout ce droit si recherché et si honorable de la *proxenia*, espèce de consulat officieux auquel rien ne répond exactement dans notre droit moderne. C'étaient là comme des pactes d'alliance conclus par une cité tout entière avec un simple particulier, quelquefois avec sa famille et ses descendants. Les monuments de ce genre se comptent par centaines, et beaucoup sont postérieurs à la conquête de la Grèce par les Romains. Dans les pays de langue latine, surtout dans les provinces d'Afri-

----

(1) *De Providentia,* IV, 13.

que, on trouve aussi, mais en moins grand nombre, des *tessères de clientèle et d'hospitalité*, consacrant des engagements de protection d'une part, et de déférence de l'autre, entre un puissant Romain et la ville provinciale dont il s'était fait le patron. Mais, quelque intérêt qui s'attache à ces formes secondaires du droit international et à ces expressions des sentiments affectueux du cœur humain, il est évident que la pacification et l'organisation du monde sous l'empire forme une époque dans l'histoire diplomatique comme dans l'histoire générale de l'antiquité. La vie politique alors est suspendue ou se concentre dans le sénat de Rome; la jurisprudence continue dans les lois son travail de rédaction savante et de perfectionnement moral; la philosophie l'y seconde, et le christianisme bientôt viendra l'animer d'un esprit nouveau. Mais les vingt nations réunies sous le sceptre des Césars ne se gouvernent plus elles-mêmes : on les administre d'en haut; elles ont plus de repos que de liberté, plus de devoirs que de droits. En perdant le pouvoir de se combattre, elles ont perdu celui de s'unir par de libres alliances; elles ne sont plus, selon la pensée du poëte, que des parties d'une même cité : *Urbem fecisti quod prius orbis erat* (1). L'affaiblissement et la chute de l'empire pourront seuls briser cette unité sociale si factice et qui pourtant dura tant de siècles. Alors seulement, et dans les déchirements de la conquête barbare, on verra se reformer des nations indépendantes, à la fois jalouses et capables de traiter l'une avec

---

(1) Rutilii *Itiner*, I, 66. Ovide avait dit auparavant : *Romanæ spatium est urbis et orbis idem*.

l'autre de pair à égal; alors, et du milieu des agitations mêmes de l'humanité, renaîtra, pour combattre le génie de la discorde, ce droit international dont nous avons voulu esquisser les principales vicissitudes et apprécier l'influence durant six siècles, les plus brillants du monde païen.

9 782013 281201